D1751668

Copyright © Parragon Books Ltd
Text: Gaby Goldsack
Illustrationen: Steve Smallman

Alle Rechte vorbehalten. Die vollständige oder auszugsweise Speicherung, Vervielfältigung oder Übertragung dieses Werkes, ob elektronisch, mechanisch, durch Fotokopie oder Aufzeichnung, ist ohne vorherige Genehmigung des Rechteinhabers urheberrechtlich untersagt.

Copyright © für die deutsche Ausgabe

© Parragon Books Ltd.
Im Vertrieb der:
Delphin Verlag GmbH
Emil-Hoffmann-Str. 1
50996 Köln

Alle Rechte vorbehalten

www.delphinverlag.de

Übersetzung und Redaktion: Kirsten E. Lehmann, Köln
Satz: Birgit Beyer, Köln
Koordination: trans texas Publishing Services GmbH, Köln

Eiersuche auf dem Bauernhof

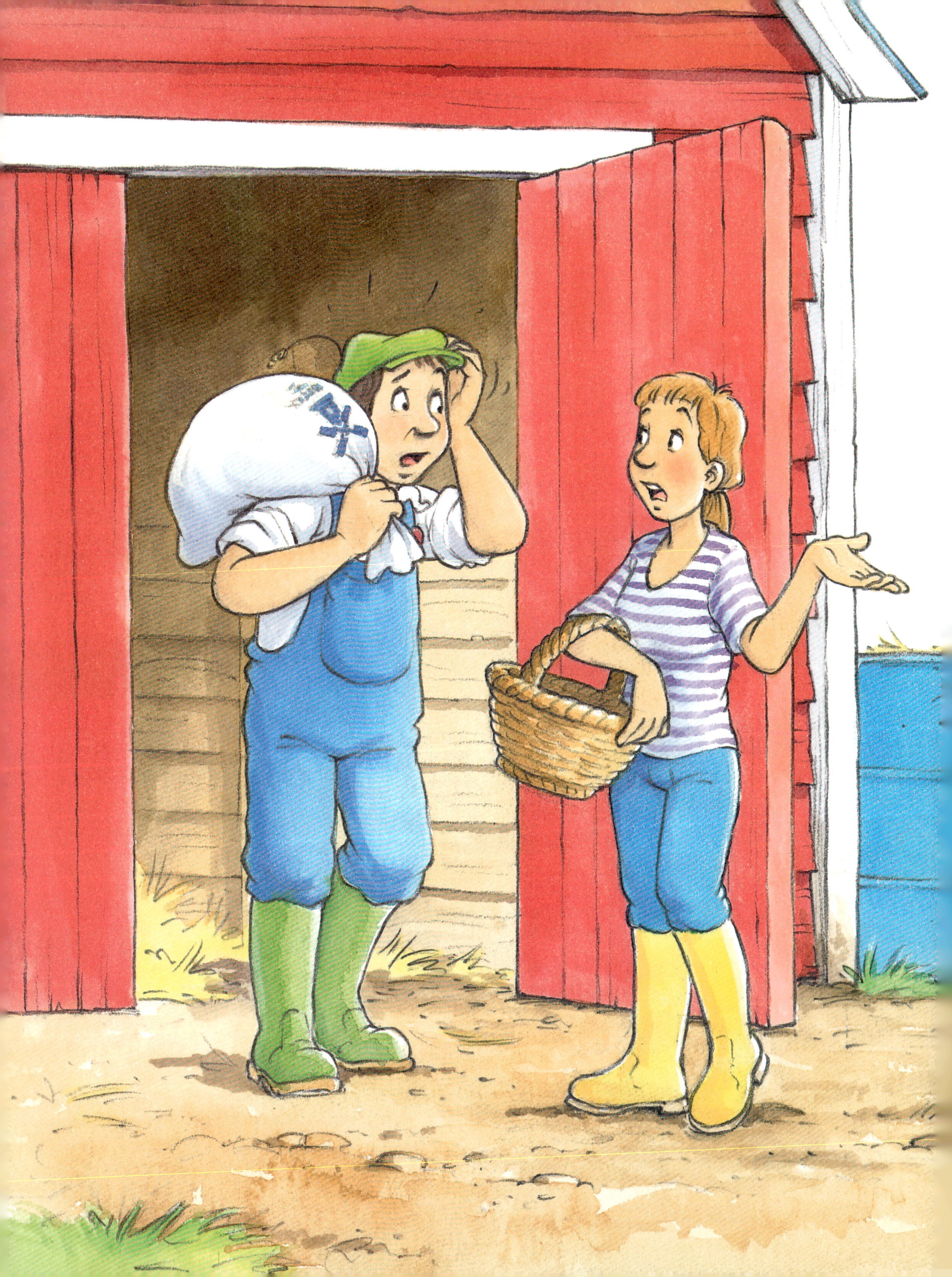

Eines Morgens begegnet Bauer Bolle seiner Frau Fenja vor der Scheune.

„Die Enteneier sind weg!", sagt Fenja. „Und auch Elsa, die Ente, ist verschwunden."

Bauer Bolle runzelt die Stirn und kratzt sich am Kopf.

„Keine Bange!", sagt er. „Wir werden Elsa und ihre Eier finden, bevor du *Entlaufene Ente* sagen kannst."

„Komm mit, Harry!", sagt Bauer Bolle zu seinem treuen Hirtenhund. „Wir gehen auf Enteneierfahndung."

Er beginnt, auf dem Hof zu suchen. Harry schnuppert mit der Nase am Boden und läuft in eine ganz andere Richtung.

Zuerst sucht Bauer Bolle beim Misthaufen. Er stochert mit der Heugabel darin herum, hört aber bald wieder auf.

„Hier ist alles nur Mist", stellt er fest.

Dann geht Bauer Bolle zum Schweinestall hinter dem Hühnerstall. Dabei singt er laut. Die Suche macht ihm Spaß.

Ich suche Enteneier,
Enteneier, Enteneier,
Ich suche Enteneier überall!

Fred, das Ferkel, hilft Bauer Bolle bei der Suche. Sie schauen im Schweinestall nach und suchen zwischen den Apfelbäumen. Doch Elsa und ihre Eier bleiben spurlos verschwunden.

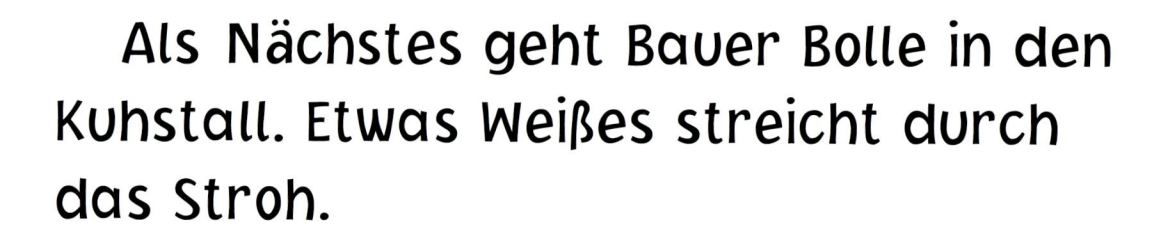

Als Nächstes geht Bauer Bolle in den Kuhstall. Etwas Weißes streicht durch das Stroh.

„Hab ich dich!", ruft Bauer Bolle und greift danach. Aber es ist nicht Elsa. Es ist der Schwanz von Karla, der Kuh.

Muh!

In der Scheune findet Bauer Bolle nur Pjotr, das Pferd, das ein paar Kartoffeln frisst.

„Knallende Kartoffeln!", murmelt Bauer Bolle. „Vielleicht hat Harry ja mehr Glück gehabt. Harry, komm her!", ruft er. Aber nun ist auch Harry verschwunden.

Bauer Bolle setzt sich auf ein paar Säcke und grübelt. Elsa und ihre Eier zu finden ist schwieriger, als er gedacht hat.

„Keine Bange – ich hab da eine Idee!"

Plötzlich springt er auf.

„Keine Bange – ich hab da eine Idee!", ruft er.

Bauer Bolle eilt zu seinem Schuppen. Sogleich hört man es hämmern und scheppern.

Die Tiere versammeln sich vor dem Schuppen.

„Was bedeutet dieser Lärm?", fragt Susi, das Schaf.

„Bauer Bolle bastelt irgendetwas, um Elsa und ihre Eier zu finden", antwortet Herta, die Henne.

RATSCH!

BOING!

Gleich darauf hört das Hämmern und Scheppern auf. Bauer Bolle erscheint mit einem seltsamen Apparat in den Händen.

„Dies", erklärt er stolz, „ist der Eifrige Enten-Ei-Aufspürer! Damit werde ich Elsas Eier finden, bevor man *Quak* sagen kann!"

Bauer Bolle lässt den Eifrigen Enten-Ei-Aufspürer nach links und rechts pendeln. So sucht er den ganzen Hof ab. Die Tiere begleiten Bauer Bolle in sicherem Abstand.

Plötzlich piepst der Ei-Aufspürer am Wassertrog schrill los. Erschrocken hüpft Herta in die Höhe.

„Aha!", ruft Bauer Bolle. Mit der freien Hand greift er in das Wasser.

Alle Tiere halten den Atem an, als Bauer Bolle die Hand wieder herauszieht ...

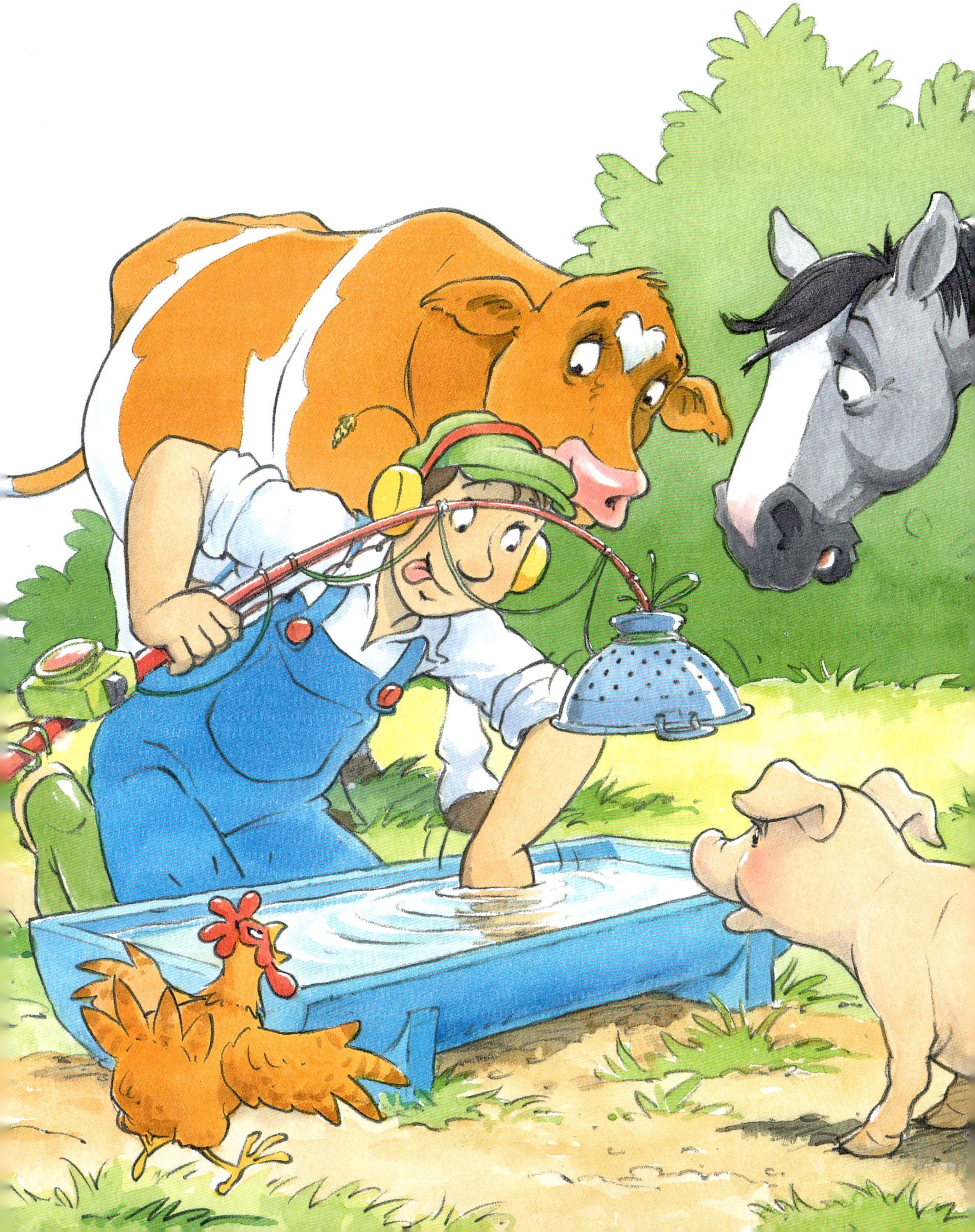

... in der er ein rostiges Hufeisen hält.

„Scheint eines von meinen zu sein", sagt Pjotr. „Ich wunderte mich schon, wo es hingekommen ist."

Die Tiere weichen zurück, als Bauer Bolle den Ei-Aufspürer erneut schwingen lässt. Am Misthaufen piepst er wieder los.

Bauer Bolle stochert mit der Heugabel im Haufen herum. Als er sie herauszieht, hängt ein alter Regenschirm daran.

„Hier ist er also gelandet", sagt Bauer Bolle, erfreut über seinen Fund.

Außer dem Hufeisen und dem Regenschirm findet Bauer Bolle noch das Rad einer Schubkarre und eine alte Milchkanne. Nur Elsa oder die Eier hat er nicht gefunden.

„Jetzt habe ich auf dem ganzen Hof gesucht", sagt er ratlos. Da kommt Harry angerannt.

Bellend fordert er Bauer Bolle auf, mitzukommen.

„Nicht jetzt, Harry", sagt Bauer Bolle. „Ich bin auf der Suche nach den Enteneiern."

Wau!

Harry geht in die Scheune. Als er zurückkommt, trägt er einen Getreidesack im Maul.

„Wau! Wau!", bellt er.

„Warte mal", sagt Bauer Bolle. „Ich habe eine Idee. Vielleicht sind Elsa und ihre Eier gar nicht auf dem Hof. Komm mit, Harry!"

Bauer Bolle, Harry und alle Tiere gehen über die Felder zur Windmühle.

In der gemütlichen alten Mühle finden sie Elsa. Aber sie ist nicht allein. Sechs flaumige Entenküken sind bei ihr. Sie sind gerade aus den Eiern geschlüpft.

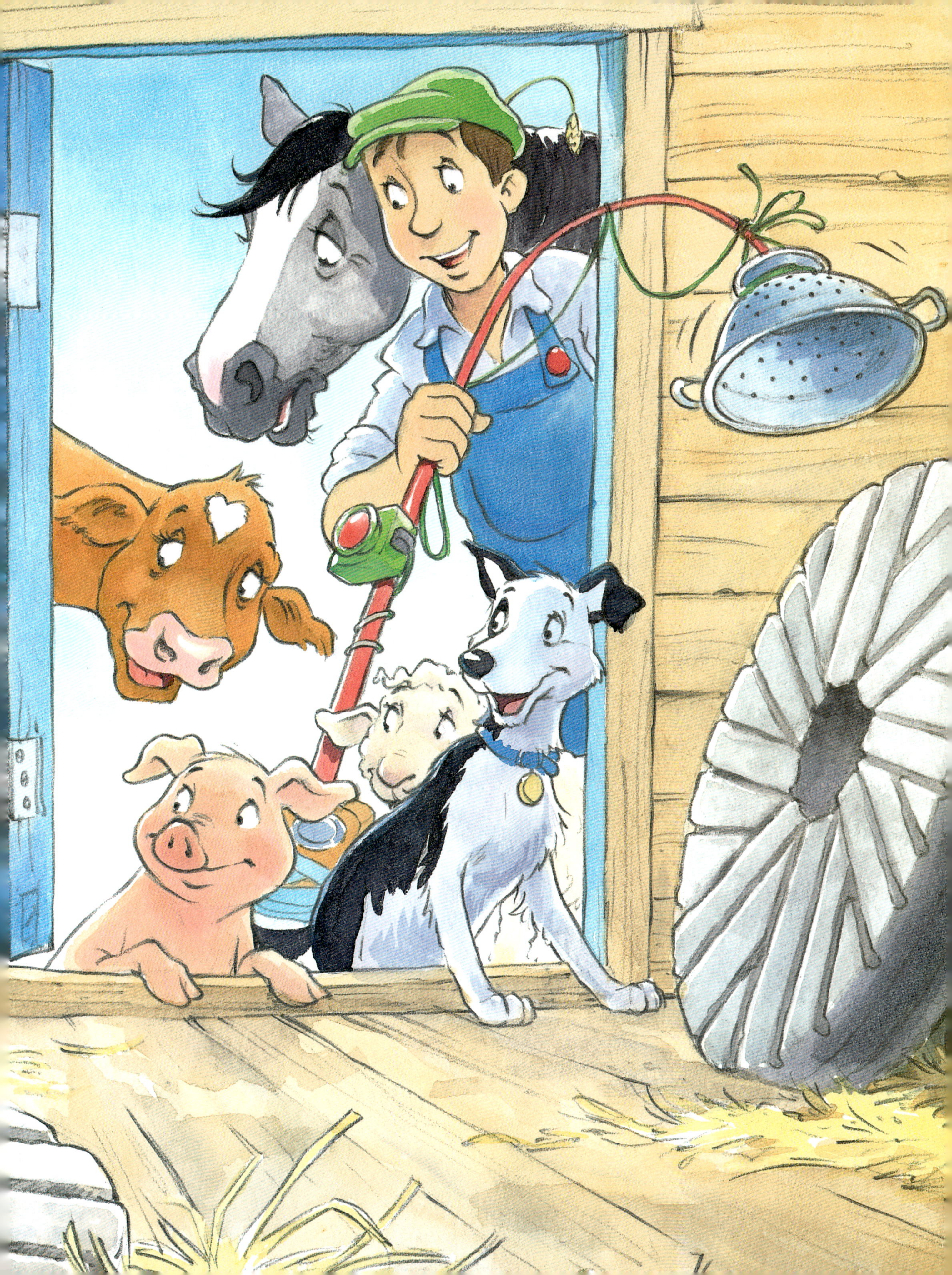

Vorsichtig trägt Bauer Bolle die Entenküken zum Hof. Unterwegs begegnet ihm Fenja.

„Ah, du hast Elsa gefunden", sagt sie. „Und ihre niedlichen Küken!"

„Ich wusste, dass ich Elsa und ihre Eier finden würde!", sagt Bauer Bolle stolz.

„Sehr schön", antwortet Fenja. „Aber ich finde die Autoschlüssel nicht. Weißt du, wo sie sind?"

„Nein", sagt Bauer Bolle und schwingt den Eifrigen Enten-Ei-Aufspürer. „Aber ich weiß, wie ich sie finden kann!"

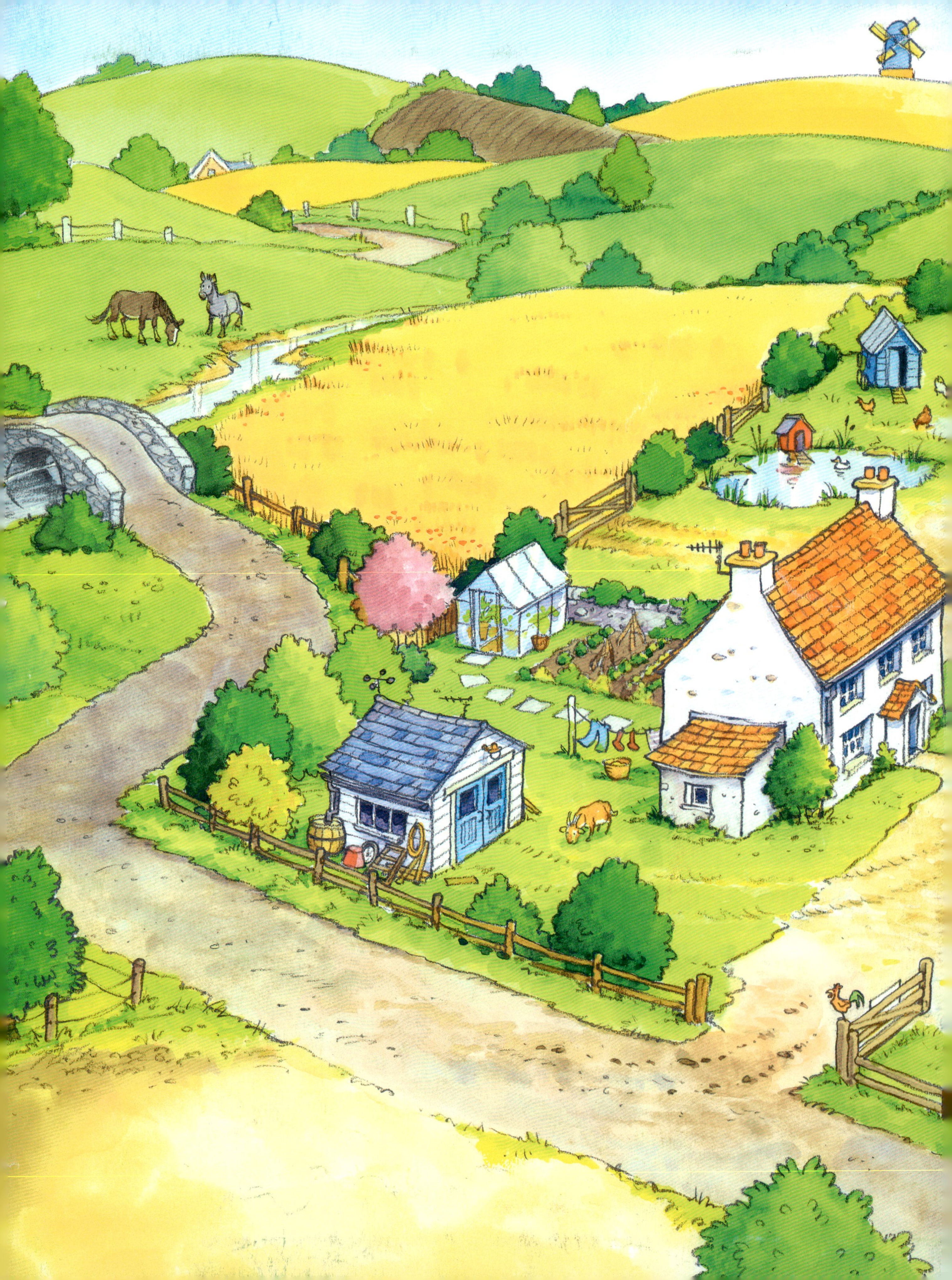